DIESES BUCH GEHÖRT

....

....

Dein Lesestart

PFERDE UND PONYS

KAROLIN KÜNTZEL

Dudenverlag

Berlin

IM GALOPP ZUM PFERDEPROFI!

Das Glück der Erde liegt eindeutig

auf dem Rücken der Pferde.

Wie leben Pferde? Was fressen sie am liebsten?

Welche Rassen gibt es und welche Gangarten?

Wie klein ist das kleinste Pferd?

Hier erfährst du alles, was du über die

wunderschönen Huftiere wissen willst.

INHALT

VON KOPF

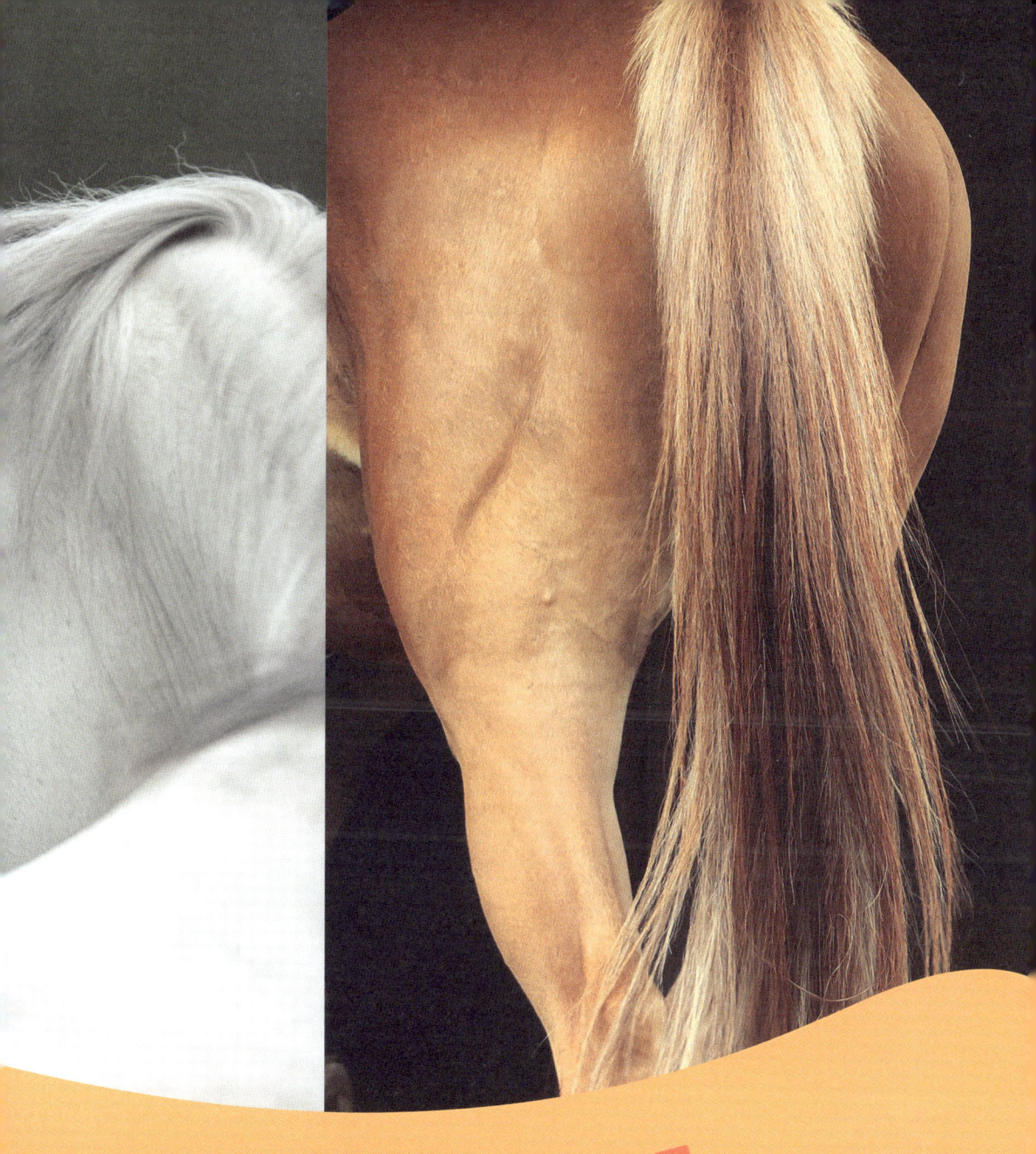

BIS SCHWEIF

EIN PFERDELEBEN LANG

Wie alt ein Pferd wird, hängt von seiner Rasse und Gesundheit, seiner Unterbringung und Pflege ab. Robuste Ponys können ein Alter von 40 Jahren erreichen. Pferde anderer Rassen leben kürzer: etwa 18 bis 25 Jahre. Alte Pferde haben wenig Kraft. Du kannst sie nicht mehr reiten, aber mit ihnen spazieren gehen.

DIE RASSE bezeichnet Tiere der gleichen Art. Es gibt über 200 Pferderassen.

ROBUST bedeutet kräftig, stabil und nicht empfindlich.

VIER BEINE UND EIN SCHWEIF

Ein Pferd hat etwa 40 Körperteile. Einige haben spezielle Namen. Die Ganasche verbindet Kopf und Hals. Die Seite nennt man Flanke. Der Übergang vom Hals zum Rücken trägt den Namen Widerrist. Dort misst man die Größe des Tieres. Der hintere Bereich des Rückens heißt Kruppe, und an der Schweifrübe wächst das lange Schweifhaar.

DIE GANASCHE ist der hintere Teil des Unterkiefers.

DER WIDERRIST
Alle vierbeinigen Säugetiere besitzen diesen Höcker am Rücken.

GROßE AUGEN, GUTE OHREN

Die Augen der Pferde sitzen seitlich
am Kopf. So kann das Pferd fast alles
um sich herum sehen. Bis auf das,
was direkt vor ihm oder hinter ihm geschieht.
Tritt daher nie von hinten an das Tier heran.
Es könnte erschrecken.
Pferdeohren sind sehr beweglich.
Sie können sogar in verschiedene Richtungen
gedreht werden und dadurch besonders
gut Geräusche orten.

Die meisten Pferde
haben braune AUGEN.

Die Richtung zu bestimmen,
aus der die Laute kommen,
heißt ORTEN.

FUTTER TASTEN, FREUNDE SCHNUPPERN

Um das Maul herum haben Pferde lange Tasthaare, mit denen sie das richtige Futter aufspüren. Auch Hindernisse bemerken sie dadurch rechtzeitig. Pferde können sehr gut riechen. Zum Kennenlernen beschnuppern sie einander und finden so heraus, ob sie sich mögen oder nicht. Sie erkennen ihr Fohlen am Geruch und wittern Wasser schon aus großer Entfernung.

DIE TASTHAARE werden auch Vibrissen genannt.

Wenn ein Tier etwas WITTERT, riecht es etwas und weiß schon von Weitem, was es ist.

PFERDE VERSTEHEN

Ein Pferd drückt Gefühle mit dem Körper
aus. Spitzt es die Ohren, ist es neugierig.
Legt es die Ohren an, ist Vorsicht geboten.
Dann fühlt es sich bedroht. Dreht es den Kopf
weg, will es seine Ruhe haben. Stupst es dich mit
dem Kopf an, sagt es: „Ich bin auch noch da!"
Ungeduld und Langeweile zeigt es
mit scharrenden Hufen.

DIE GEFÜHLE
Pferde können Freude, Ärger, Wut,
Schreck, Angst, Lust und Mitgefühl
empfinden.

Wenn ein Pferd SCHARRT,
kratzt es mit schnellen
Bewegungen über den Boden.

KEINES WIE DAS ANDERE

Alle Pferde unterscheiden sich. Sie haben
Abzeichen, die sie unverwechselbar machen.
Einen hellen Fleck auf der Stirn nennen
wir je nach Größe Flocke oder Stern.
Zieht der Fleck sich über den ganzen
Nasenrücken, sagt man Blesse dazu.
Weiße Flecken an den Beinen heißen Fessel,
Krone oder Fuß. Mehlmaul ist ein weißes Maul.

DIE ABZEICHEN sind
angeboren und unveränderlich.
An ihnen lässt sich das
Pferd eindeutig erkennen.

Ein anderer Name für
die weiße Zeichnung ist
MILCHMAUL.

13

DAS FELL GANZ HELL

Welche Fellfarbe hat das Pferd? Ist es weiß, heißt es Schimmel. Die helle Farbe bekommt es aber erst im Laufe der Zeit. Bei ihrer Geburt sind Schimmel braun, schwarz oder rot. Ein graues Pferd ist ein Falbe. Und Schecken haben große weiße Flecken im wesentlich dunkleren Fell.

Viele alte Ponyarten wie Konik und Fjordpferd sind FALBEN.

SCHECKEN gibt es auch bei Kühen, Rindern und Kaninchen.

VON FÜCHSEN UND RAPPEN

Natürlich gibt es auch Pferde, die eine dunkle Fellfarbe haben. Zu ihnen zählen Rappe, Fuchs und Brauner. Ein Fuchs ist ganz braun, beim Braunen sind Beine, Schweif und Mähne schwarz. Von Kopf bis Fuß schwarze Pferde nennen wir Rappen. Bei einem Lichtfuchs sind Mähne und Schweif durch ein Gen aufgehellt.

Der Name RAPPE bedeutet: ein Pferd schwarz wie ein Rabe.

GENE tragen die Erbanlagen. Sie geben vor, wie sich ein Körper entwickelt.

AUF ZUM RÄTSELSPAß!

1. Wie alt können Ponys werden?

a) ☐ Höchstens 5 Jahre

b) ☐ Ungefähr 40 Jahre

c) ☐ Bis zu 20 Jahre

2. Hier hat der Zeichner eine Beschriftung vergessen. Welche?

Trage sie in das Kästchen ein.

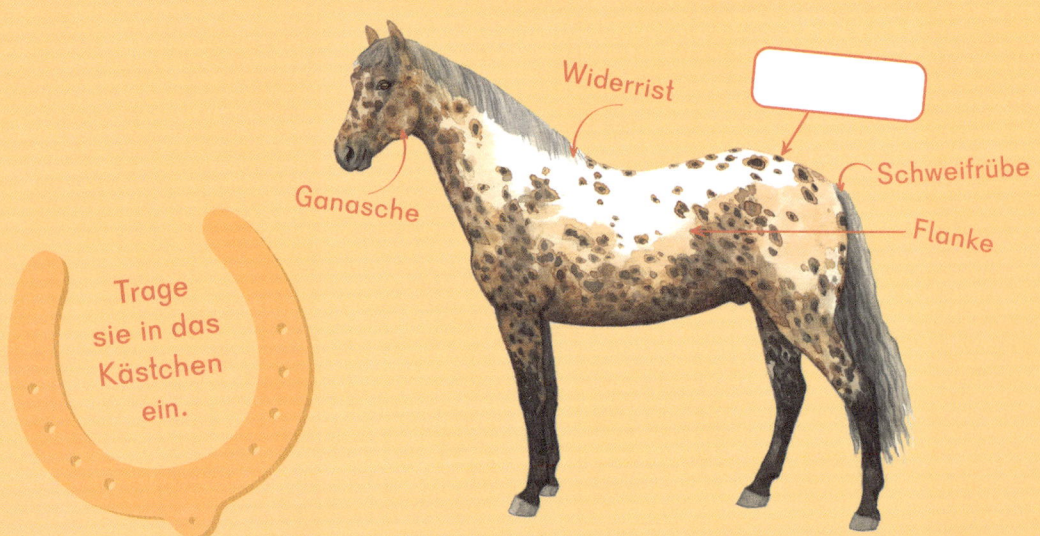

Widerrist

Ganasche

Schweifrübe

Flanke

16

3. Die Namen von zwei Fellfarben erinnern an andere Tiere. Findest du die Namen im Wortgitter?

Y	G	P	D	E
F	U	C	H	S
W	L	J	T	Q
K	O	R	U	L
A	F	A	B	Z
H	I	B	M	C
R	G	E	N	X

Ordne das richtige Satzende zu.

4. Pferde können nicht sehen,

a) ☐ was hinter ihnen passiert.

b) ☐ was neben ihnen passiert.

c) ☐ was vor ihnen passiert.

VON KLEIN

BIS GROSS

VERWANDTE MIT UND OHNE STREIFEN

Die Verwandten von Pferden sind Esel und Zebras. Sie alle sind Unpaarhufer. Das heißt, jeder Huf besteht nur aus einem Zeh. Esel sind kleiner als Pferde. Sie können nicht wiehern. Zebras lassen sich nicht zähmen. Ihr Fell hat schwarz-weiße Streifen. Maultiere haben einen Esel als Vater, die Mutter ist ein Pferd. Beim Maulesel ist es andersherum.

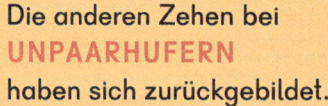

Die anderen Zehen bei UNPAARHUFERN haben sich zurückgebildet.

ZÄHMEN bedeutet, dass ein wildes Tier zutraulich wird und sich an Menschen gewöhnt.

WINZIG ODER RIESIG?

Mehr als 200 Pferderassen sind uns heute bekannt. Sie alle stammen vom Urwildpferd ab. Die kleinsten Ponys heißen Falabellas. Sie sind mit 65 bis 90 Zentimetern nur wenig größer als ein großer Hund. Tragen können sie dich nicht. Riesig sind dagegen die Shire-Horses. Diese Pferde erreichen ein Stockmaß von rund zwei Metern. Zum Aufsitzen brauchst du einen Tritt. Sie sind als Zugpferde beliebt.

DAS URWILDPFERD
wird auch Przewalski-Pferd genannt. Der Name geht auf den russischen Forscher zurück, der die Tiere wiederentdeckte.

DAS STOCKMAß
So nennt man eine hölzerne Messlatte, mit der die Größe des Pferdes bestimmt wird.

PONYS

Ponys zählen zu den Kleinpferden. Oft sind sie die ersten Pferde, auf denen Kinder reiten. Shetlandponys sind robust, klug, aber auch etwas dickköpfig. Weil sie sehr stark sind, wurden sie im Bergbau häufig als Grubenpferde eingesetzt. Trotz ihrer geringen Größe können einige Ponyrassen wie die Connemaras gut springen. Auch im Gelände sind sie sicher unterwegs.

Die SHETLAND-Inseln gehören zu Schottland. Das sprichst du „Schettländ".

CONNEMARA ist eine Gegend im Westen von Irland.

KALTBLÜTER

Kaltblüter nennt man Pferde, die sehr ausgeglichen sind. Nichts bringt sie aus der Ruhe. Ihre Größe und ihr Körperbau machen sie zu guten Arbeitspferden. Brabanter tragen zum Beispiel die Krabbenkörbe der belgischen Fischer. Die Pferde stehen dabei stundenlang reglos im Meer. Noriker ziehen auf Festumzügen die schweren Kutschen und Wagen.

DER KÖRPERBAU ist das äußere Erscheinungsbild von Tieren und Menschen.

BRABANTER stammen aus einem Zuchtgebiet in Brabant, einer Region in Belgien.

WARMBLÜTER

Warmblutpferde wie Holsteiner,
Hannoveraner oder Trakehner
sind schlank und sportlich.
Sie kommen häufig in der Dressur
und im Springreiten zum Einsatz.
Dort sind sie sehr erfolgreich.
Warmblüter sind wendig, schnell,
lebhaft und fleißig. Sie sind
schreckhafter als ein
Kaltblut und nicht so
ungestüm wie
ein Vollblutpferd.

WARMBLUT bezieht
sich auf Eigenschaften
und Temperament der
Tiere, nicht auf die
Körpertemperatur.

DIE DRESSUR
Eine eingeübte
Fähigkeit oder
Abrichtung.

UNGESTÜM
Andere Bezeichnungen
sind wild, stürmisch,
feurig, zügellos.

VOLLBLÜTER

Vollblutpferde sind sehr edel. Sie bewegen sich elegant und können äußerst schnell laufen. Deshalb sind sie die Herrscher auf dem Turf. Vollblüter sind oft ungestüm und besonders sensibel. Damit sie sich nicht verletzen, werden sie häufig nur im Stall gehalten. Lediglich drei Rassen zählen zu den Vollblutpferden. Sie heißen Araber, Anglo-Araber und Englisches Vollblut.

DER TURF ist die Pferderennbahn. Das Wort kommt aus dem Englischen, bedeutet „Rasen" und du sprichst es „Törf" aus.

SENSIBEL bedeutet: besonders empfindsam. Ein sensibler Mensch nimmt Umgebung und Gefühle besonders aufmerksam wahr.

AUF ZUM RÄTSELSPAß!

1. Auf welchem Pferd kannst du nicht reiten?

a) ☐ Araber

b) ☐ Falabella

c) ☐ Connemara

2. Ordne die Aussage dem passenden Bild zu.

A Ich kann nicht wiehern.

B Ich lasse mich nicht zähmen.

C Ich bin größer als ein Esel.

3. Setze die Wörter an der richtigen Stelle in den Text ein.

Das erste Reitpferd von Kindern ist

meistens ein _____ .

Auf der Galopprennbahn laufen

_____ um die Wette.

Die kraftvollen _____

sind gute Arbeitstiere.

Im Pferdesport kommen überwiegend

_____ zum Einsatz.

Kaltblüter

Warmblüter

Pony

Vollblüter

VON SCHRITT

BIS GALOPP

NICHTS WIE WEG!

Pferde sind Fluchttiere. Erschrecken sie,
stürmen sie los. Sie halten erst wieder
in sicherer Entfernung an. Dazu sagen wir:
„Das Pferd geht durch." Da Pferde Herdentiere
sind, flieht manchmal nicht nur eines,
sondern gleich die ganze Gruppe. Ein Reiter
hat es dann schwer, sein Pferd zu zügeln.

FLUCHTTIERE fliehen bei
Gefahr statt anzugreifen.

ZÜGELN
bedeutet: das Pferd
zurückhalten.

GEMÄCHLICH IM SCHRITT

Pferde beherrschen von Geburt an drei Arten zu gehen. Die Gangarten heißen Schritt, Trab und Galopp. Am langsamsten ist der Schritt. Das Pferd setzt dabei alle vier Hufe im Takt nacheinander auf. Das spart Energie. Auch wilde Pferde legen so weite Strecken zurück.

Beim SCHRITT hat das Pferd immer zwei und höchstens drei Beine gleichzeitig auf dem Boden.

Die Abfolge der Schritte erfolgt im TAKT, also gleichmäßig. Schritt ist ein Viertakt, Trab ein Zweitakt und Galopp ein Dreitakt.

MUNTER IM TRAB

Pferde, die traben, bewegen immer zwei Beine gleichzeitig nach vorn – und zwar die <mark>diagonalen</mark> Beinpaare: Das linke Vorderbein schwingt mit dem rechten Hinterbein vor, dann folgt das rechte Vorderbein mit dem linken Hinterbein. Beim Trab berührt das Pferd einen Augenblick lang mit keinem Bein den Boden. In dieser Gangart ist es 8 bis 10 <mark>Stundenkilometer</mark> schnell.

DIAGONAL bedeutet: schräg gegenüberliegend.

STUNDENKILOMETER ist eine Maßeinheit für Geschwindigkeit. Sie gibt die Strecke an, die man in einer Stunde zurücklegt.

RASANT IM GALOPP

Im Galopp erreicht das Pferd seine größte Geschwindigkeit. Es springt vorwärts und setzt die Beine in drei Takten nacheinander auf. Dann gibt es eine kurze Schwebephase. Die Bilder oben zeigen dir eine mögliche Reihenfolge: Nach dem linken Hinterbein setzt das Pferd das rechte Hinterbein zusammen mit linkem Vorderbein auf, dann folgt das rechte Vorderbein.

RASANT bedeutet schnell, mit hoher Geschwindigkeit.

DIE SCHWEBEPHASE ist ein Moment, in dem kein Bein des Pferdes den Boden berührt.

FLINK UND BEQUEM

Einige Pferderassen verfügen über zwei

zusätzliche Gangarten. Sie heißen Tölt und

Pass. Islandpferde beherrschen sie gut.

Tölt ist eine Art eiliger Schritt. Ein Huf hat immer

Bodenkontakt. Für Reiter ist Tölt sehr bequem.

Die Sänfte von Königinnen wurde deshalb

oft von Töltern getragen. Beim Pass setzt das

Pferd die Beine derselben Seite gleichzeitig auf.

TÖLT
Neben Islandpferden beherrschen auch die Rassen Paso Fino und Paso Peruano diese Gangart.

ISLAND ist die größte Vulkaninsel der Welt und liegt im Norden von Europa.

WETTRENNEN MIT PFERD

Pferde können schnell laufen. Das wussten auch die Menschen früherer Zeitalter und trugen Wettrennen zu Pferde aus. Trab- und Galopprennen gibt es auch heute noch, und die Sieger können viel Geld gewinnen. Die Reiter beider Sportarten nennt man Jockeys. Beim Trabrennen fahren sie oft im Sulky. Bei Galopprennen reiten sie.

DIE JOCKEYS müssen klein und leicht sein, damit die Pferde schnell laufen können.

DER SULKY ist ein kleiner Wagen mit nur einer Achse.

AUF ZUM RÄTSELSPASS!

1. Was bedeutet der Ausdruck „das Pferd zügeln"?

Kreuze die richtige Antwort an.

a) ☐ Dem Pferd Halfter und Zügel anlegen

b) ☐ Das Pferd wieder unter Kontrolle bringen

c) ☐ Ein wildes Pferd mit dem Zügel vertraut machen

2. Schaue dir die Bilder genau an und ordne dann die richtige Gangart zu.

Verbinde mit Linien.

1

A Schritt

2

3

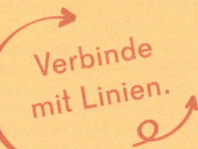
C Galopp

B Trab

3. Fülle die Lücke im Text.

Schritt und Tölt

Schritt und Galopp

Wähle aus den folgenden Möglichkeiten:

Trab und Galopp

Bei den Gangarten _____

_____ berüht

das Pferd ganz kurz mit keinem

Bein den Boden.

4. Welche Pferderasse kann in mehr als drei Gangarten laufen?

Bringe die Buchstaben in die richtige Reihenfolge.

S	F	E	E	R	L	A	I	D	D	N	P

VON STALL

BIS ZIRKUS

EIN FOHLEN KOMMT ZUR WELT

Etwa elf Monate ist die Stute mit dem Fohlen
trächtig. Dann wird es, Vorderbeine voraus,
geboren. Die meisten Geburten finden nachts
oder frühmorgens statt. Dann ist es im Stall
und auf der Weide besonders ruhig. Die Stute
leckt das Junge trocken. Beide prägen sich
den Geruch des anderen ein. So erkennen
sie sich immer wieder.

TRÄCHTIG bedeutet
bei Tieren, was bei
Menschen schwanger
heißt.

EINPRÄGEN heißt,
sich etwas gut zu merken.

Kurz nach seiner Geburt steht das Fohlen auf.
Seine langen, dünnen Beine sind noch ganz
wackelig. Wenig später galoppiert es schon.
So kann es mit der **Herde** mithalten,
falls Gefahr droht. Die Mutter **säugt** es sechs
Monate, es frisst aber auch schon Gras.
Nach drei Jahren kann ein junges Pferd
eingeritten werden.

Pferde sind **HERDENTIERE.**
Sie leben gerne in der Gruppe.

SÄUGEN
Das Fohlen am Euter
Milch trinken lassen.

ZU HAUSE IM STALL

Ein guter Stall ist hell, sauber, gut belüftet und aufgeräumt. Die Stallgasse ist gefegt und in den Boxen ist frische Einstreu aus Stroh oder Holzspänen. So haben es die Tiere bequem, wenn sie sich schlafen legen. Schließt ein Paddock an die Box an, können die Pferde nach Lust und Laune ins Freie.

DIE STALLGASSE
ist der Weg zwischen den Pferdeboxen.

Ein eingezäunter Auslauf heißt **PADDOCK.**

RICHTIG FÜTTERN

Pferde sind Vegetarier. Sie fressen Gras,
Stroh und Heu. Dazu sagen wir Raufutter.
Möhren und Äpfel mögen sie auch.
Sie sind als Leckerli beliebt. Pferde,
die geritten werden, bekommen zusätzlich
Kraftfutter, zum Beispiel Hafer und Gerste.
Sind die Pferde auf der Weide,
grasen sie viele Stunden am Tag.

VEGETARIER essen
kein Fleisch.

DAS KRAFTFUTTER enthält
besonders viele Nährstoffe
und gibt Energie.

BAUCHWEH UND WUNDER HUF

Pferde können krank werden. Manchmal ist es nur ein Schnupfen, es kann aber auch so ernst sein, dass der Tierarzt kommen muss. Fressen Pferde etwas Falsches oder sind sie gestresst, können sie eine Kolik bekommen. Dann haben sie Bauchschmerzen und wälzen sich am Boden. Bei Strahlfäule sind die Hufe entzündet. Das tut ihnen beim Auftreten weh.

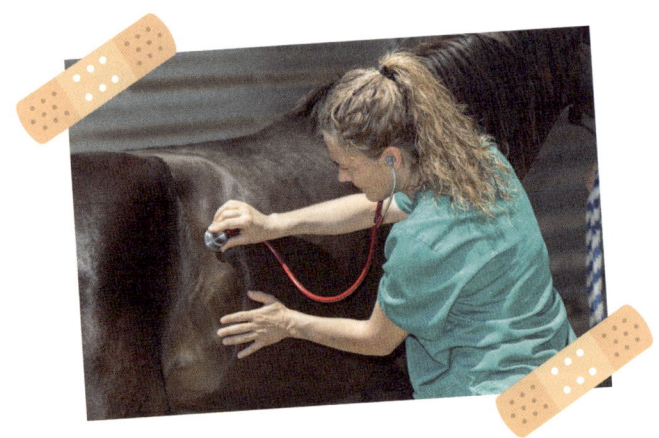

Eine **KOLIK** ist die häufigste Pferdekrankheit und kann lebensbedrohlich werden.

ENTZÜNDET heißt: wund, verletzt. Häufig werden Entzündungen durch Bakterien ausgelöst.

VON KOPF BIS HUF
GUT GEPFLEGT

Pferde wälzen sich gerne im Sand.

Dabei wird ihr Fell staubig. Damit es wieder

schön glänzt, reiben und bürsten wir es ab.

Auch der Huf braucht Pflege. Regelmäßig passt

der Hufschmied dem Pferd ein neues Hufeisen

an. Vorher schneidet er den Huf aus, denn das

Horn wächst ständig, so wie deine Fingernägel.

DIE HUFEISEN sind wie ein U geformt. Sie schützen den Huf.

Fingernägel, Hufe, Hörner und Schnäbel bestehen aus **HORN.**

45

RÜCKEPFERD UND ACKERGAUL

Kaltblüter sind sehr stark. Sie können Menschen helfen, schwere Arbeiten zu verrichten. Im Wald ziehen Rückepferde die gefällten Bäume aus dem Unterholz bis zur Straße. Dort kann man sie leicht verladen. Auch auf dem Feld arbeiten Pferde. Sie ziehen den schweren Pflug durch den Acker und kommen bei Aussaat und Ernte zum Einsatz.

Im Gegensatz zu schweren Forstmaschinen schonen RÜCKEPFERDE den Waldboden.

DER PFLUG
Ein Gerät zum Wenden und Lockern des Ackerbodens.

AUF STREIFE

Polizeipferde sind meist Wallache – so nennen wir kastrierte Hengste. Sie sind ruhiger als Stuten und Hengste. Bevor sie zum Einsatz kommen, werden sie gründlich ausgebildet. Sie dürfen nicht schreckhaft sein. Die Reiterstaffel der Polizei begleitet auf Wallachen Demonstrationen und sorgt bei Fußballspielen dafür, dass alles ruhig verläuft.

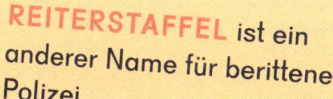

REITERSTAFFEL ist ein anderer Name für berittene Polizei.

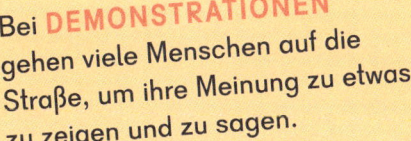

Bei DEMONSTRATIONEN gehen viele Menschen auf die Straße, um ihre Meinung zu etwas zu zeigen und zu sagen.

THERAPIEPFERDE

Therapiepferde helfen Kindern und Erwachsenen, die geistig oder körperlich eingeschränkt sind. Sie lernen durch das Zusammensein mit dem Pferd ihren Körper besser kennen, bauen Vertrauen auf und lassen Gefühle zu. Therapiepferde, meist Ponys, werden sehr gut ausgebildet. Sie lernen ruhig zu stehen und in Schrecksituationen gelassen zu bleiben.

Bei einer THERAPIE werden Verletzungen oder Beschwerden geheilt oder gelindert.

DIE THERAPIEPFERDE sind oft schon älter und erfahren. Sie müssen neugierig auf Menschen sein.

IM ZIRKUS

Zirkuspferde trainieren viel. Sie lernen Kunststücke, befolgen die Befehle der Zirkusleute und laufen gleichmäßig im Kreis. Würden sie bocken und **buckeln,** könnte kein Akrobat im Laufen aufsitzen oder fiele beim Turnen vom Pferderücken. Zirkuspferde sind an laute Musik und Applaus gewöhnt. Sie **scheuen** nicht und lassen sich streicheln.

BUCKELN heißt: den Rücken rund machen.

Wenn ein Pferd **SCHEUT,** erschreckt es sich und weicht zurück.

AUF ZUM RÄTSELSPAß!

1. Wie wird ein Fohlen geboren?

Kreuze die richtige Antwort an.

a) ☐ Mit den Hinterbeinen voraus

b) ☐ Zuerst kommt der Po

c) ☐ Mit den Vorderbeinen voraus

2. Streiche jeweils das falsche Wort in der Aussage durch.

a) Bei der Feldarbeit kommen Warmblüter / Kaltblüter zum Einsatz.

b) Wallache / Hengste eignen sich besonders gut als Polizeipferde.

c) Therapiepferde müssen besonders ausgeglichen / eigensinnig sein.

3. Was fressen Pferde gerne?

Bilde aus den Silben fünf Wörter.

FER
RAU
ÄP
GERS
MÖH
FUT
FEL
REN
TE
TER
HA

4. Welches Wort fehlt?

Setze es ein.

Ein _____ schließt

sich an die Pferdebox an.

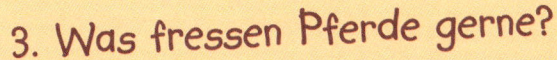

VON AUSRÜSTUNG

BIS ABZEICHEN

GUT AUSGERÜSTET

Viele Sportarten erfordern eine bestimmte Kleidung – auch das Reiten. Ohne Reitkappe geht es nicht. Sie schützt den Kopf bei einem Sturz vom Pferd. Reitstiefel haben eine glatte Sohle, damit sie nicht aus Versehen im Steigbügel hängen bleiben. Manche Reiterinnen und Reiter tragen auch eine dick gepolsterte Weste, wenn sie im Gelände reiten.

DIE REITKAPPE
wird auch Reithelm genannt.

DIE STEIGBÜGEL stützen den Fuß beim Aufsteigen und Reiten. Sie sind am Sattel angebracht.

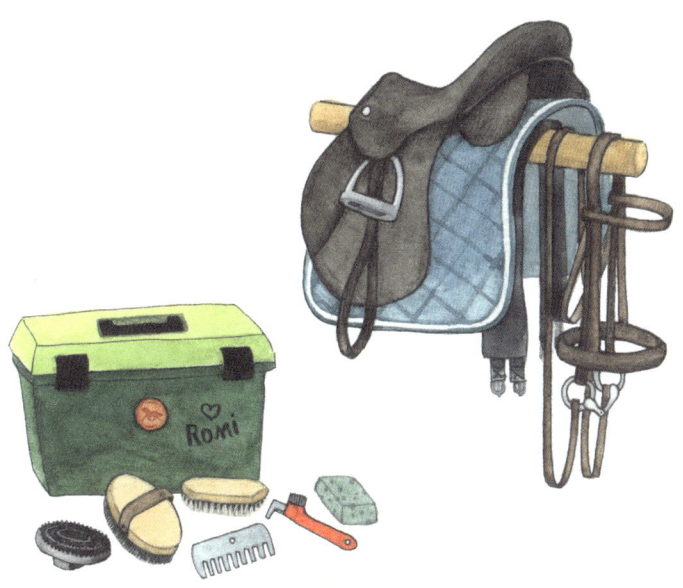

ERST PUTZEN, DANN REITEN

Vor jeder Reitstunde und jedem Ausritt wird
das Pferd geputzt. Besonders dort, wo später
der Sattel aufliegt und das Zaumzeug sitzt,
müssen Staub und Sand runter. Sonst scheuert
und reibt es. Striegel und Kardätsche haben
grobe und feine Borsten zum gründlichen
Abbürsten. Mit dem Hufkratzer werden
die Hufe gesäubert.

DAS ZAUMZEUG
besteht aus dem Kopfgestell
und den Zügeln.

DER HUFKRATZER
ist ein Werkzeug mit einem Griff
und einem Metallhaken am Ende.

DRESSURREITEN

Wer gut Dressur reitet, bildet mit dem
Pferd eine ==Einheit.== Die schwierigen
Schrittfolgen, die im Wettkampf gezeigt
werden, sehen dann ganz einfach aus.
Bis es so weit ist, üben Pferd und Reiter
oder Reiterin oft jahrelang. Das Pferd lernt,
rückwärts und seitwärts zu gehen.
Auch die ==Piaffe== muss es können.
Dabei trabt das Pferd auf der Stelle.

DIE EINHEIT
Pferd und Reiter wirken
innerlich verbunden und
harmonisch.

DIE PIAFFE
Das französische Wort
bedeutet „tänzeln, stampfen".

Im **Wettkampf** kommt es darauf an, dass die Reihenfolge der Übungen und die Ausführung stimmt. Die Reiterin hilft dem Pferd dabei. Sie **verlagert** ihr Gewicht, bewegt die Zügel oder drückt die Schenkel gegen den Bauch des Pferdes. Sehen soll man das aber nicht. Wettkampfrichter bewerten die Vorführung anschließend mit Noten von eins bis zehn.

Wer im **WETTKAMPF** mit seinem Pferd gut abschneidet, bekommt ein Reitabzeichen.

VERLAGERN heißt, dass das Gewicht auf einer anderen Stelle lastet.

SPRINGREITEN

Beim Springreiten springen Pferd und Reiter über hohe und weite Hindernisse. Die Reihenfolge der Sprünge ist dabei für alle Reiterinnen und Reiter gleich. Es gewinnt, wer am schnellsten und mit den wenigsten Fehlern durch den Parcours kommt. Strafpunkte gibt es beim Abwurf von Stangen, wenn das Pferd vor dem Hindernis stehen bleibt und bei Zeitüberschreitung.

DER PARCOURS ist eine Strecke mit aufgestellten Hindernissen.

STRAFPUNKTE werden im Sport von einer Jury vergeben. Durch sie rutscht man in der Wertung im Wettkampf weiter nach hinten.

WESTERNREITEN

Westernreiten stammt aus den USA.
Reitende Cowboys treiben dort Rinder
zusammen oder fangen sie mit einem Lasso ein.
Deshalb werden die Zügel nur mit einer Hand
gehalten. Auch der Sattel ist ungewöhnlich.
Er hat vorn ein Horn. Dort wird das Lasso
befestigt. Schnelle Richtungswechsel und
unvermitteltes Stoppen sind Teil der Prüfung.

Die USA sind die Vereinigten
Staaten von Amerika. Du
sprichst die Buchstaben einzeln
aus: U-S-A.

COWBOYS ist Englisch
und bedeutet Viehhirte. Die
Aussprache lautet „Kaubeus".

POLO

Polo ist ein sehr altes Reiterspiel.

In England ist es äußerst beliebt.

Gespielt wird hoch zu Ross.

Dabei schlägt der Reiter einen Ball

mit einem langen Schläger ins Tor der

gegnerischen Mannschaft.

Polo ist ein schnelles und

anstrengendes Spiel.

Deshalb kommen

mehrere Pferde pro

Spielerin oder

Spieler zum Einsatz.

HOCH ZU ROSS heißt:
auf einem Pferd reitend.
Ross ist ein anderes Wort
für Pferd.

Eine MANNSCHAFT beim Polo
besteht aus vier Spielerinnen
oder Spielern.

REITABZEICHEN UND TURNIERSCHLEIFEN

Wenn du bereits weißt, wie man ein
Pferd pflegt, und schon etwas reiten kannst,
darfst du ein Reitabzeichen machen.
Es gibt „Steckenpferd" und „Hufeisen".
Ein Stoffabzeichen und eine Urkunde sind
die Belohnung, wenn du bestehst. Siegerinnen
und Sieger auf Turnieren bekommen eine
Turnierschleife. Sie wird auch Rosette genannt.

Ein STECKENPFERD ist ein
Spielzeug, das aus einem
Stock besteht, auf dem ein
Pferdekopf aus Holz oder Stoff
befestigt ist.

DIE ROSETTE
Ihre Form erinnert an eine
aufgeblühte Rosenblüte.

Super gelesen

AUF ZUM RÄTSELSPAß!

1. Was macht das Pferd bei einer Piaffe?

Kreuze die richtige Antwort an.

a) ☐ Es dreht sich im Kreis.

b) ☐ Es geht rückwärts.

c) ☐ Es trabt auf der Stelle.

2. Welches der Bilder zeigt einen Westernsattel?

Kreise ein.

Ⓐ

Ⓑ

3. Verbinde die Satzanfänge mit den richten Satzenden.

A Beim Dressurreiten ...

1 ... bremst das Pferd aus vollem Galopp ab.

B Beim Westernreiten ...

2 ... kann es Strafpunkte geben.

C Beim Springreiten ...

3 ... lernt das Pferd schwierige Schrittfolgen.

4. Wie heißen diese Gegenstände?

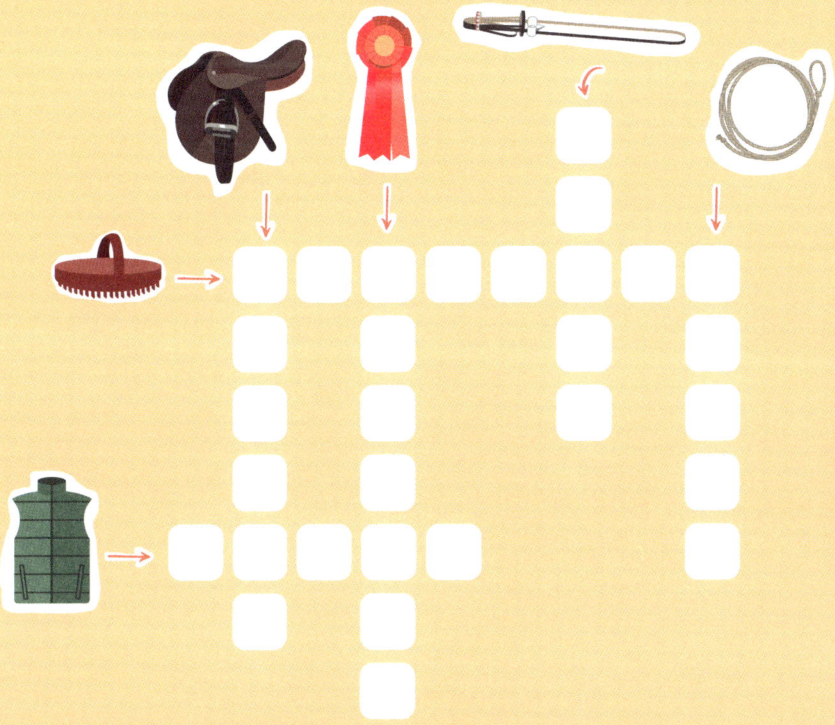

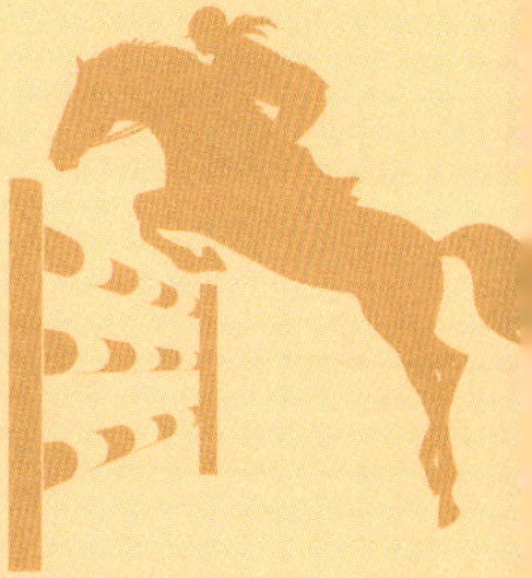

Bildnachweis

l = links, r = rechts, M = Mitte, o = oben, u = unten

Maria Mähler: 9, 12, 16ur, 21, 25, 33o, 40, 42o, 48, 49o, 54r, 55, 61, 62;

15 mauritius images / Pitopia; 23r imago images/Nature Picture Library; 47ul mauritius images / Blickwinkel / Alamy; 60ur picture alliance / imageBROKER; Shutterstock.com: VNS liliya shlapak, 1 Matvienko Vladimir, 4l Save nature and wildlife, 4r Studio Ayutaka, 4/5 (Gras) digitmilk, 5l Studio Ayutaka, 5r Ekaterina_Mikhaylova, 6/7l l i g h t p o e t, 6/7M OlesyaNickolaeva, 6/7r Denklim, 8o Rohappy, 8o (Klebestreifen) Flas100, 8ul Aleksandar Videnovic, 8ur Vertyr, 10l Lenkadan, 10M Marie Charouzova, 10r Dolores M. Harvey, 11 Lenkadan, 13 (Flocke) mariait, 13 (Mehlmaul) Svetlana Ryazantseva, 13 (Blesse) Sahara Prince, 13 (Streifen) Anastasija Popova, 13 (Fessel) Svetlana Ryazantseva, 13 (Rahmen) YummyBuum, 14M Rolf Dannenberg, 14 (Rahmen) Maksym Drozd, 14u digitmilk, 16Ml PannaKotta, 16ul Dn Br, 16/17u Cattallina, 17M Maksym Drozd, 18/19l Best dog photo, 18/19M Rita_Kochmarjova, 18/19r Best dog photo, 20Ml Olga_i, 20M Anan Kaewkhammul, 20Mr Eric Isselee, 20/21u shaineast, 22 FamVeld, 22/23u 3xy, 23l maglyvi, 24 (Hannoveraner) Rolf Dannenberg, 24 (Rahmen Reitabzeichen) Incomible, 24/25u Tetiana Babinich, 26 (Sattel) Vector pro, 26 (Zebra) Vorobiov Oleksii 8, 26 (Esel) Happy Job, 26 (Pferd) Studio Ayutaka, 26 (Rahmen) LDDesign, 26 (Blumen) digitmilk, 26 (Pfeile) gravity_point, 27 (Kleeblätter) marketinggraphics, 27 (Zettel) Aquir, 28/29l Kwadrat, 28/29M Elya Vatel, 28/29r NDAB Creativity, 30o Hennadii H, 31 olsim photo, 31l Hennadii H, 31r olsim photo, 31 (Rahmen) Maksym Drozd, 32o Rolf Dannenberg, 32u Hennadii H, 33u Hennadii H, 34o Elisa Hanssen, 34u Overearth, 35 (Jockey im Sulky) manlio_70, 35 (Rahmen, Zielfahne) ArnaPhoto, 36 (Hufeisen) Dn Br, 36 (Trense) SunshineVector, 36 (Gangarten) Hennadii H, 38/39l Osetrik, 38/39M Yuriy Seleznev, 38/39r Konstantin Tronin, 41 Kwadrat, 42u Ekaterina_Mikhaylova, 43or Yulia Lavrinuk, 43M yuris, 43ul Ekaterina_Mikhaylova, 43ur Brian Goff, 44ul Aayam 4D, 44ur 135pixels, 44 (Pflaster) YuliaR, 45o MarienAvery, 45 (Hufeisen) Dn Br, 46o Roy Pedersen, 46u Hennadii H, 47ur yusufdemirci, 49u Denys Koltovskyi, 50 (Kleeblätter) marketinggraphics, 50 (Fohlen) AlinArt, 51 (Karotte) Brian Goff, 51 (Sack) VectorVisArt, 51 (Haus) Denys Drozd, 51 (Apfel) Yulia Lavrinuk, 52/53l Valeri Vatel, 52/53M Olga_i, 52/53r Elya Vatel, 54ul Incomible, 56ul Miceking, 56ur AnnaElizabeth photography, 57or Audun Brestrup, 57 (Pokal, Siegerkranz) ArnaPhoto, 58o Skumer, 58u ArnaPhoto, 59M PROMA1, 59 (Lasso) armi1961, 59u NatBasil, 60ul Art 27, 62 (Reiter oben) Seita, 62 (Reiter unten) Irina Maksimova, 63 (Sattel, Rosette, Zügel) liliya shlapak, 63 (Lasso) NatBasil, 63 (Striegel) Magura, 63 (Weste) Hein Nouwens, 63 (Springreiter) ornavi

Redaktionelle Leitung
Simone Bahrenberg, Ina Koslowski
Redaktion
Steffi Korda, Büro für Kinder- & Erwachsenen-literatur, Hamburg
Autorin
Karolin Küntzel
Illustrationen
Maria Mähler

Herstellung Maike Häßler, Uwe Pahnke
Layout und Satz formlabor, Hamburg
Umschlaggestaltung Kathrin Keienburg-Rees, Freiburg
Umschlagabbildungen kyslynskahal/Shutterstock.com (Foto), Creative Stall from Noun Project (Icon Lesen), Dorina Tessmann (Rückenbild)
Druck und Bindung Firmengruppe APPL
Senefelderstraße 3–11, 86650 Wemding
Printed in Germany

ISBN 978-3-411-78001-3
www.duden.de

PEFC zertifiziert
Dieses Produkt stammt aus nachhaltig bewirtschafteten Wäldern und kontrollierten Quellen.

www.pefc.de
PEFC/04-32-0928